NOTICE BIOGRAPHIQUE

EXTRAITE

DE LA GALERIE HISTORIQUE

DES CONTEMPORAINS,

Publiée à Bruxelles en 1819,

SUR

MGR LE DUC D'ORLÉANS,

APPELÉ EN 1830

AU TRONE DE FRANCE

PAR LA VOLONTÉ DU PEUPLE.

Se vend : 75 Centimes,

Au profit des Blessés, Veuves et Orphelins dans les Journées
des 27, 28 et 29 juillet 1830.

PARIS.

CHEZ J.-N. BARBA, LIBRAIRE,

GALERIE DE CHARTRES, N°s 2 ET 3.

1830

NOTICE HISTORIQUE

PUBLIÉE A BRUXELLES EN 1819,

SUR M LE DUC D'ORLÉANS,

APPELÉ EN 1830 AU TRÔNE DE FRANCE PAR LA VOLONTÉ DU PEUPLE.

ORLÉANS (Louis-Philippe duc d'), né le 6 octobre 1773, descend au même degré que Louis XVIII de ce Henri IV, dont la mémoire éternellement nationale n'avait pas besoin que l'on commandât en quelque sorte l'enthousiasme pour elle. Mgr. le duc d'Orléans passe pour être celui des princes de la maison de Bourbon qui rappelle à un degré plus éminent la bonté, la valeur, la franchise et jusqu'aux traits du visage du grand Roi. Il reçut à sa naissance le nom de *duc de Valois*, et fut confié dès l'âge de cinq ans aux soins du Chevalier de Bonnard, qui eut pour successeur madame de Genlis. A l'époque où par la mort du duc d'Orléans, son aïeul, le duc de Chartres, son père, prit le nom de *duc d'Orléans*, le prince dont nous écrivons la notice prit celui de *duc de Chartres*, qu'il a si long-temps honoré par une valeur brillante en défendant sa patrie contre les prétentions de l'étranger, et par des vertus civiles qui ne se sont jamais démenties. Peu de princes, peu de particuliers même possèdent des connaissances plus nombreuses et plus variées dans les sciences et dans les lettres ; la plupart des langues de l'Europe lui sont familières, et, comme c'est dans leur patrie-mère qu'il les a apprises, il les parle avec autant de correction que de facilité. Dès ses premières années ce prince montra un caractère de réserve et de prudence remarquable ; et lorsqu'il fut dans l'âge des passions il ne se conduisit pas avec moins de modération et de sagesse. Environné des premiers élémens des discordes civiles, il aima sincèrement la liberté, combattit pour elle avec une haute vaillance au milieu des phalanges françaises, et ne prit aucune part aux intrigues qui trop souvent déshonorèrent la cause, et la firent succomber en 1796 sous le joug du despotisme le plus avilissant et le plus sanguinaire. Un décret de l'assemblée constituante ayant donné aux colonels-propriétaires le choix ou de quitter la carrière militaire, ou de prendre le commandement de leurs régimens, le duc de Chartres, qui en qualité de prince et de citoyen, avait toujours placé au premier rang de ses devoirs l'honneur de partager les périls des défenseurs de la patrie, n'hésita point à se mettre à la tête du 14ᵉ régiment de dragons qui portait son nom et se trouvait alors en garnison à Vendôme. Il se rendit dans cette ville au commencement de juin 1791, et donna peu de jours après son arrivée un bel exemple d'humanité et de zèle pour le bon ordre en arrachant des mains de la multitude, prête à l'immoler, un prêtre insermenté que l'on accusait d'avoir regardé avec mépris une procession faite par un curé constitutionnel. Peu de temps après et dans la même ville, on le vit voler au secours d'un homme qui était sur le point de périr au milieu des eaux, et s'exposer lui-même aux plus grands dangers pour l'arracher à une mort certaine. Au reste la jeunesse de ce prince est tellement remplie de pareils traits que malgré le plaisir que nous éprouvons à les publier, nous nous trouvons dans la pénible nécessité de nous restreindre dans les bornes étroites que nous impose le genre de notre travail, et de renvoyer nos lecteurs à une histoire de la révolution, dont nous savons qu'une plume habile et impartiale s'occupe en ce moment, et où du moins la postérité trouvera quelques tableaux fidèles.

Après avoir séjourné quelque temps à Vendôme, le duc de Chartres conduisit son régiment à Valenciennes, ensuite à Laon, et enfin à l'armée du Nord où il se distingua sous les ordres du brave et malheureux général Biron, lors des premières hostilités. Le 28 août 1792, il prit une part active à l'affaire de Quiévrain, combattit le lendemain à Boussu, et contribua puissamment par ses bonnes dispositions et son sang-froid à arrêter les fuyards qui, frappés d'une vaine terreur, couraient sur Valenciennes sans être poursuivis. Nommé maréchal-de-camp le 27 mai 1792, par droit d'ancienneté, le duc de Chartres commanda en cette qualité une brigade de cavalerie composée des 14ᵉ et 17ᵉ régimens de dragons, sous les ordres du maréchal Luckner. Les troupes restées dans l'inaction pendant un mois ayant fait un troisième mouvement au milieu de juin, le duc de Chartres s'avança vers l'avant-garde de l'armée française, combattit devant Courtray et entra dans cette ville. L'armée du Nord ayant été au mois de juillet 1792 divisée en deux corps dont l'un, commandé par le général Dumouriez, devait garder la frontière du côté de Maulde, et l'autre, sous les ordres du général d'Harville, s'opposer à l'invasion des Prussiens à la tête desquels était le duc de Brunswick, la brigade du duc de Chartres fit partie du corps du général d'Harville auquel succédèrent d'abord d'Aboville et ensuite Kellermann. Les Prussiens, forts de plus de 80,000 hommes, se dirigeaient sur Paris et n'avaient alors devant eux qu'une armée composée de 25,000 soldats. Déjà ils s'étaient emparés de Longwi, et Kellermann se retirait successivement à Metz, à Pont-à-Mousson, à Toul et à Bar-le-Duc. Le prince accompagna l'armée dans cette retraite et ne cessa de commander sa brigade de cavalerie pendant ces longues et pénibles marches rétrogrades qui éteignaient l'ardeur des Français en même temps qu'elles ajoutaient à la confiance et à l'audace des ennemis. Le général Dumouriez qui était resté en Flandre à la tête d'un corps destiné à couvrir cette frontière, le quitta pour prendre le commandement de l'armée de Lafayette, que la proscription prononcée contre ce général venait de forcer à s'éloigner avec quelques nobles compagnons de son infortune. Dumouriez concentra cette armée dans les défilés de l'Argonne qu'il désignait sous le nom de *Thermopyles de la France* ; mais enfoncé lui-même à la Croix-aux-Bois, et s'étant, par une manœuvre habile, porté sur Sainte-Menehould, il appela Kellermann qui vint aussitôt renforcer sa gauche, et qui occupa, le 19 septembre 1792, les hauteurs de Valmy. Dès lors la fortune changea pour les armées françaises. Le duc de Chartres, nommé lieutenant général le 11 septembre, commanda le 20 du même mois, à la bataille de Valmy, la seconde ligne de l'armée de Kellermann, et y défendit le moulin placé devant le village où pendant long-temps se dirigèrent tous les efforts de l'ennemi. Le duc de Chartres parvint à se maintenir jusqu'au soir dans cette importante position, et il est sans aucun doute que c'est à l'inébranlable fermeté avec laquelle il arrêta les efforts de l'ennemi, constamment renouvelés sur ce point, que l'on dut le succès d'une journée qui, elle-même, décida du sort de la France en forçant les alliés à la retraite.

Appelé vers la même époque au commandement de Strasbourg, le duc de Chartres ne voulut pas se séparer de ses compagnons d'armes, et refusa d'aller occuper un poste qui n'offrait à son zèle et à son courage ni activité ni dangers. Il passa alors sous les ordres du général Dumouriez, et fut chargé du commandement de la seconde colonne qui se portait sur la Flandre ; arrivé où se trouvait la première colonne sous les ordres du général Beurnonville, le duc de Chartres se porta le 2 novembre avec une partie de sa division au secours de l'avant-garde dont une partie avait été battue à Thulin, attaqua vivement l'ennemi, emporta le 3 le moulin de Boussu et la batterie qui le défendait, occupa ensuite le village, et conjointement avec les généraux Beurnonville, Dampierre, Stengel et Frequeville, chassa les Autrichiens jusqu'à Saint-Guislain. Le 4, il s'avança avec toute l'armée sous le commandement de Dumouriez. Le 5, les hauteurs de Jemmapes étant occupées par l'armée autrichienne qui s'y était retranchée et que commandait Clairfayt sous les ordres du duc Albert de Saxe-Teschen, la division du duc de Chartres bivouaqua sur les hauteurs en avant du village de Paturage et en face du camp retranché des Autrichiens. Le 6, il déploya dans la mémorable bataille de Jemmapes (où les Français montrèrent pour la première fois ce qu'il y avait désormais à attendre d'eux) des talens militaires du premier ordre et une valeur extraordinaire ; déjà sur les deux ailes de l'armée les troupes françaises avaient fait plier les ennemis; déjà à la gauche, le village de Jemmapes était pris par le général Ferraud, lorsque le prince s'avança avec le centre et marcha en bon ordre contre les Autrichiens ; mais comme ceux-ci opposaient une position très forte défendue par des redoutes meurtrières dont le feu presque à bout portant faisait un effroyable ravage dans les rangs français, le désordre se mit dans les troupes au débouché du bois et une partie d'entre elles se débanda : le prince développa en ce moment un genre de courage supérieur peut-être à celui qui naguère était sur le point de lui assurer la victoire. Il était partout à la fois, il conjurait, il ordonnait, il menaçait. A force d'efforts il parvint à rallier les fuyards; mais dans l'impossibilité de les reformer entièrement, il en fit une colonne à laquelle il donna le nom de *bataillon de Mons*, marcha à sa tête contre l'ennemi; et avec ces mêmes soldats dont rien quelques instans plus tôt ne pouvait calmer la terreur et arrêter la fuite, il se précipita de nouveau contre les redoutes, y pénétra la baïonnette en avant, en renversant tout ce qui s'opposait à lui, et s'en rendit maître après une vive et sanglante résistance. Dès lors la victoire ne fut plus douteuse ; l'épouvante était passée dans les rangs ennemis, et les Autrichiens en désordre se retirèrent sur Mons. Après quelques heures de repos, l'armée victorieuse se mit à leur poursuite ; le duc de

Chartres ne perdit pas un moment : il pressa, rejoignit, combattit les ennemis à Auderlecht le 13 novembre; à Tirlemont le 19, à Varroux le 26, et entra dans Liége le 28. Après cette campagne comparable par sa rapidité, ses succès et ses résultats à celles dont quatre ans plus tard l'Italie devait être le théâtre, et qui plaçait le général Dumouriez au rang des premiers généraux de la république, l'armée française prit ses cantonnemens; mais elle ne tarda pas à retourner à de nouveaux combats.

Le duc de Chartres fut ensuite employé au siége de Maestricht, sous les ordres du général Miranda. Le prince de Cobourg ayant obligé les Français à lever ce siége, l'armée repassa la Meuse et se retira sur Louvain. Dumouriez qui s'était porté sur la Hollande accourut à son secours et obtint d'abord à Tirlemont quelques succès, dont il voulut profiter pour livrer une bataille décisive. Le centre de l'armée était commandé par le duc de Chartres, et composé de deux divisions dont l'une, sous les ordres du général Dietman et Clautin, et l'autre sous ceux du général Dampierre. Le prince devait soutenir l'attaque du village de Nerwinde, tandis que la droite de l'armée devait inquiéter l'ennemi sur sa gauche, et que l'autre aile avait reçu l'ordre de se porter sur le poste fortifié de l'eau. Dès le matin les colonnes se mettent en mouvement; sur les deux extrémités l'armée française est victorieuse, bientôt elle l'est sur toute la ligne. La division du général Neuilly, qui faisait partie du corps du général Valence commandant la droite de l'armée, s'empara d'abord du village de Nerwinde; mais elle fut bientôt forcée de l'évacuer. Aussitôt après le duc de Chartres reçut l'ordre de reprendre le village; il le reprit en effet, mais il ne put s'y maintenir long-temps. Une troisième attaque ne fut pas moins infructueuse. Cependant les Français ne s'éloignèrent pas du champ de bataille. Ils conservèrent même sur ce point la supériorité que leur avaient donnée les succès du commencement de la journée; mais le général Miranda avait été battu à l'aile gauche, et par une fuite précipitée, il avait conduit après lui les Allemands sur la route de Bruxelles, seul point sur lequel on pût se retirer. Il fallut donc songer à la retraite ; mais on ne l'exécuta que le lendemain, et après avoir conservé le champ de bataille jusqu'au dernier moment. Après cette affaire malheureuse sur laquelle de grands et justes reproches ont été adressés au général Miranda, le duc de Chartres se tint constamment sur les derrières de l'armée pour la protéger dans sa retraite. A Tirlemont, il se signala par un trait d'audace et de sang-froid, en osant avec une faible arrière-garde s'opposer aux nombreuses forces des vainqueurs. Il fit fermer les portes de la ville, plaça les troupes sur les remparts, et par sa bonne contenance les décida à tenir ferme. Ce fut dans cette retraite que le général Dumouriez, jugeant par l'état actuel de la convention nationale, les fureurs de l'esprit de parti et les fréquentes dénonciations dont il était devenu l'objet, que la liberté était perdue et qu'il avait tout à craindre pour lui-même, conçut le dessein audacieux de dissoudre la convention nationale par la force des armes, et de proclamer dans la personne de Jean-Louis XVII, détenu au Temple, le rétablissement de la monarchie constitutionnelle de 1791, appuyée de quelques institutions plus fortes et plus conservatrices.

On a vu à l'article Dumouriez quelles ont été quelques-unes des causes qui ont fait échouer cette entreprise, mais il est surtout vrai de dire que les esprits n'étaient pas mûrs pour son exécution ; que l'armée était alors livrée avec enthousiasme à l'exaltation républicaine, et que le général en chef ne trouva point d'appui ni dans l'un ni dans l'autre des partis alternativement en majorité dans l'assemblée. Dès lors une fuite prompte devint sa seule ressource. Frappé par la proscription le duc de Chartres, dont un seul moment venait de faire oublier les importans services, fut, comme lui, décrété d'arrestation, et la notification de ce décret lui fut faite au milieu de ses troupes qui, naguère dévouées à leur général, étaient maintenant incertaines et divisées d'opinions. Il ne resta plus au prince d'autre parti à prendre que de suivre le général dans son exil. Il partit le 5 avril 1793 de Saint-Amand, et arriva le même jour à Mons, où était le quartier-général du prince de Cobourg : on lui offrit une division autrichienne qu'il aurait commandée en sa qualité de lieutenant-général; mais quelque funeste que fût sa position, son ame était trop haute, ses principes trop invariables, le souvenir de ses devoirs envers la patrie trop présent à sa pensée pour qu'il ne rejetât pas les offres des ennemis de la France; il se borna donc à demander des passe-sports, n'emportant avec lui que des ressources trop faibles pour assurer son existence au-delà de quelques mois. C'est à cette époque que commencèrent les longs et pénibles voyages de ce prince; et nous ne craignons pas de dire que dans ce douloureux épisode de sa vie il a attaché à son nom un genre de gloire que la juste postérité placera sans doute fort au-dessus de celle qu'il avait acquise jusque là sur les champs de bataille. Frappé, mais non vaincu par l'adversité, il se dirigea d'abord vers la Suisse dans l'espoir d'y trouver un asile, pour lui et pour la princesse sa sœur, qu'un concours de circonstances avait mise sous sa protection. Il essaya vainement de se fixer à Zurich et à Zug, parvint enfin à placer mademoiselle d'Orléans dans un couvent de Bremgarten, et voyagea ensuite pendant plusieurs mois seul et à pied dans les parties les plus sauvages des Alpes. La persécution dont le duc de Chartres était devenu l'objet, depuis qu'à sa sortie de France il avait refusé de s'associer aux émigrés et de faire cause commune avec eux et avec les armées étrangères, était telle que n'étant toléré nulle part et dénué de toutes ressources, ce prince cherchait d'honorables moyens de s'en procurer, lorsque le général Montesquiou, victime comme lui de la fureur des factions, mais auquel les cantons accordaient un asile, sous la condition qu'il ne porterait pas son nom, eut l'idée de placer le duc de Chartres en qualité de professeur dans le collége de Reichenau, château à deux lieues de Coire, dans lequel on avait établi un collége, et dont il connaissait un des propriétaires. Ce projet ayant été agréé par le prince, le général Montesquiou écrivit à son ami pour lui proposer d'admettre comme professeur dans son collége un jeune Français auquel il s'intéressait vivement et duquel il se portait caution; mais en lui faisant cette proposition, il crut devoir lui confier que ce jeune Français était le duc de Chartres qui prendrait un nom supposé et remplirait exactement les fonctions de l'emploi qu'il désirait obtenir. L'ami du général Montesquiou n'osa pas prendre sur lui d'admettre le duc de Chartres même à de telles conditions, sans l'assentiment d'un autre propriétaire (il y en avait cinq), et du directeur de l'établissement dont il garantissait la discrétion. Cet assentiment ayant été obtenu, le prince se rendit seul à Reichenau; il y fut examiné en forme par tous les chefs du collége, et unanimement admis par eux après qu'ils eurent déclaré qu'ils étaient parfaitement contens de l'examen. Il enseigna pendant huit mois dans ce collége la géographie, l'histoire, la langue française et anglaise, et les élémens des mathématiques.

Une observation bien frappante n'échappera pas sans doute à nos lecteurs, c'est que dans la situation cruelle où se trouvait alors le duc de Chartres, on ne sait ce qui doit étonner davantage ou de l'énergie d'une ame que le malheur ne subjugua jamais, ou de cette réunion de connaissances si rares dans un homme de son rang, et qui, après lui avoir mérité la palme d'un concours où il n'était admis qu'avec la défaveur qui accompagne ordinairement les étrangers, devint le soutien de son existence, lui concilia l'estime de tout le canton, et lui mérita le respect, l'affection et la reconnaissance de ses élèves. Après un séjour de huit mois à Reichenau, où il avait appris la mort déplora-

ble du duc son père, il partit de cette ville aussi inconnu qu'il
y avait vécu, et se rendit à Hambourg vers le milieu
de 1794. Il y séjourna quelque temps; mais fatigué bientôt
d'un repos stérile, et voulant acquérir de nouvelles connaissances, le duc de Chartres qui venait d'hériter du titre de
duc d'Orléans, entreprit sans suite et à pied de parcourir
le Danemarck, la Norwège et la Laponie, et se dirigea
jusqu'au cap Nordet revint par la Suède à Hambourg où
il passa quelques mois. Cependant le nouveau gouvernement français, qui venait d'établir sous le nom de directoire
exécutif la constitution républicaine de l'an 3 (novembre
1795) ne voyait qu'avec inquiétude la présence en Europe
du nouveau duc d'Orléans, dont les services chers à l'armée
et à la nation vivaient dans un grand nombre de souvenirs.
Il résolut d'éloigner ce prince, dont le nom, le caractère et
les principes offraient d'égales garanties à l'immense majorité des Français, et négocia auprès de lui pour l'engager
à passer en Amérique, en lui promettant la liberté de ses
deux frères, le duc de Montpensier et le comte de Beaujolais, alors enfermés à Marseille dans le fort Saint-Jean. Ces
diverses considérations, auxquelles vinrent se joindre les
instances de la duchesse sa mère, déterminèrent le prince,
qui, après avoir reçu un passeport du gouvernement français, s'embarqua pour Philadelphie et arriva aux États-Unis
en octobre 1795. Il y fut rejoint au commencement de
1797 par ses deux frères, qui avaient reçu du directoire
français l'autorisation de se réunir à lui.

Fidèle aux principes de toute sa vie, le duc d'Orléans ne
parut dans les cercles et dans les lieux publics de Philadelphie que décoré des couleurs qu'il avait tant contribué
à rendre respectables à l'Europe. Partout il parla de sa patrie comme il avait su la défendre, partout aussi il professa
une haine profonde pour les maximes perverses et désorgani-
satrices qui furent dans tous les temps le marche-pied et
l'auxiliaire de toutes les tyrannies, et que désavouent avec

horreur les vrais amis de la liberté. Toujours plus avide de l'instruction, le duc d'Orléans résolut avec ses frères de visiter le nord de l'Amérique. Tous trois se dirigèrent vers les grands lacs des États-Unis, portèrent leurs pas dans les pays habités par les sauvages et passèrent quelques jours avec eux.

De retour à Philadelphie ils s'éloignèrent de cette ville où la fièvre jaune faisait d'affreux ravages, allèrent à New-Yorck et ensuite à Boston; là ils apprirent que madame la duchesse d'Orléans, leur mère, venait d'être déportée en Espagne. Ils formèrent aussitôt la résolution de se rendre dans une province soumise à cette puissance, dans l'espoir d'avoir des relations avec cette princesse et de se procurer des ressources dont ils avaient le plus grand besoin. Ils partirent au milieu de l'hiver sur la fin de 1797, et arrivèrent à Pitt-Bourg après avoir fait plus de deux cents lieues à cheval; là ils s'embarquèrent malgré les rigueurs de la saison et les glaces qui obstruaient la navigation; ils descendirent ainsi l'Ohio, ensuite le Mississipi jusqu'à la Nouvelle-Orléans, et de là se rendirent à la Havane où ils arrivèrent à la fin de mars 1798.

Le duc d'Orléans écrivit aussitôt au roi d'Espagne, son parent, pour lui demander la permission de passer dans ses états, mais il n'en reçut aucune réponse.

La considération et l'intérêt universel dont les princes furent entourés à Cuba excitèrent la jalousie et les craintes du cabinet de Madrid, et au lieu d'obtenir l'autorisation de rejoindre leur mère, ainsi qu'ils l'avaient demandé, il leur fut insinué de quitter les possessions espagnoles, sans qu'on leur eût envoyé les secours dont ils avaient un si pressant besoin. Après avoir passé dix-huit mois à la Havane dans une vaine attente, le duc d'Orléans partit avec ses deux frères pour l'île de la Providence, d'où il alla sur un vaisseau anglais à Halifax, dans la Nouvelle Écosse: le duc de Kent, alors gouverneur de cette province, accueillit les illustres voyageurs, et les engagea à se rendre en Angleterre où ils arrivèrent en 1800; ils y furent reçus avec un empressement général, et les journaux du temps racontèrent qu'une réconciliation politique avait eu lieu entre le duc d'Orléans et les princes de la branche émigrée des Bourbons.

Après avoir séjourné quelque temps en Angleterre, le duc d'Orléans, empressé de se trouver auprès de la duchesse sa mère qu'il n'avait pas vue depuis près de dix ans, s'embarqua pour l'Espagne. La guerre existait alors entre l'Angleterre et cette puissance; le vaisseau que montait ce prince était déjà en vue de la résidence de la duchesse, mais par une fatalité cruelle la lettre qu'il avait écrite pour lui annoncer son arrivée lui fut remise deux heures trop tard, et les Espagnols auxquels la présence d'un vaisseau anglais sur leurs côtes était suspect, forcèrent celui-ci à reprendre le large sans qu'il eût été possible au prince de débarquer. De retour en Angleterre le duc d'Orléans y fixa son séjour avec ses frères qui lui étaient devenus encore plus chers depuis qu'ils étaient les compagnons de son voyage et de ses malheurs. Leur vie était douce et paisible, lorsque dans l'intervalle d'une année il eut la douleur de les perdre tous deux. Le duc de Montpensier mourut en 1807 d'une maladie de poitrine; le comte de Beaujolais, attaqué de la même maladie, se rendit l'année suivante à Malte, où le duc d'Orléans le conduisit espérant que le climat de la Méditerranée faciliterait son rétablissement; mais cet espoir fut déçu, et ce jeune prince mourut deux jours après son arrivée à Malte au mois de mai 1808. Le séjour du pays où le duc d'Orléans venait de perdre le dernier de ses frères lui était devenu trop pénible pour qu'il pût l'habiter plus long-temps; il s'embarqua sur une frégate qui partait pour Messine, et quoique n'ayant pas le dessein de s'arrêter à Palerme où se trouvait alors la cour de Sicile, il ne crut pas pouvoir se dispenser d'informer le roi Ferdinand IV de la présence dans ses états d'un prince son parent, et apprit aussitôt par sa réponse que le roi désirait ardemment le voir et l'attendait à Palerme avec impatience. Le duc d'Orléans s'y rendit en juin 1808, à l'époque même où après s'être emparé par la violence du trône d'Espagne sur lequel il venait de faire asseoir un prince de sa famille, Napoléon inondait ce royaume de ses troupes : Ferdinand IV, frère de Charles IV, oncle et beau-père de Ferdinand VII, devait à tous égards soutenir les efforts que les Espagnols allaient faire pour défendre leur indépendance. Ce prince envoyait alors en Espagne son second fils, le prince Léopold; le duc d'Orléans les suivit. Les deux princes abordèrent à Gibraltar, mais les Anglais s'opposèrent à leur entrée en Espagne. Tandis que le fils de Ferdinand était retenu à Gibraltar, le duc d'Orléans fut reconduit en Angleterre où il ne resta que quelques mois. Cependant un devoir plus pressant lui commandait d'autres soins : Figuières, où madame la duchesse d'Orléans résidait depuis plusieurs années, ayant été bombardé par les Français au mois de juin 1808, l'habitation de cette princesse avait été détruite, et elle-même contrainte de partir à pied pendant la nuit et de se réfugier au milieu des insurgés espagnols : dans cette affreuse position elle avait envoyé mademoiselle d'Orléans, sa fille, rejoindre à Malte le duc d'Orléans. Cette jeune princesse ne l'y trouva plus; elle alla le chercher à Gibraltar d'où il était déjà parti; enfin elle se rendit en Angleterre, où elle le rencontra à Portsmouth au moment où il se disposait à s'embarquer pour retourner dans la Méditerranée sur une frégate dont le commandant avait l'ordre de ne pas le laisser approcher de l'Espagne.

Le prince et sa sœur partirent ensemble. Pendant la traversée on aperçut de loin un petit bâtiment; le chevalier de Breval, secrétaire des commandemens du prince et qui était sur la même frégate que lui, descendit dans la chaloupe, alla joindre le bâtiment, aborda en Espagne, fut

trouver madame la duchesse d'Orléans et la conduisit au
Port-Mahon, tandis que le prince et sa sœur continuaient
leur trajet et arrivaient en Sicile.

Pendant son séjour à la cour de Palerme, le duc d'Orléans avait distingué la princesse Marie-Amélie, fille du roi ;
il demanda sa main. Des qualités trop solides et trop bril-
lantes illustraient déjà le petit fils d'Henri IV, pour qu'on
ne témoignât pas un grand empressement à la lui accorder.
Le duc d'Orléans désira que sa respectable mère fût témoin
de son bonheur, et voulant enfin revoir celle pour laquelle
il avait fait tant de voyages et essuyé tant de revers, il alla
chercher au Port-Mahon la duchesse d'Orléans, et l'amena
à Palerme, où le mariage du prince fut célébré le 25 novembre 1809. C'était la première fois depuis plus de seize
ans que les illustres débris de la branche d'Orleans se trou-
vaient rassemblés, et qu'ils pouvaient se consoler mutuel-
lement de tant de malheurs, par l'aspect d'un avenir plus
prospère. Depuis cet heureux événement, le prince goûtait
en paix les charmes de la plus douce union, au milieu de sa
famille, lorsque les Espagnols, en proie à toutes les hor-
reurs d'une guerre désastreuse, vinrent solliciter les secours
de son épée et de ses talens. La régence, retirée à Cadix,
lui envoya dans le mois de mai 1810 la frégate *la Venganza*,
et lui offrit le commandement d'un corps d'armée en Catalogne. Le prince se rendit à cette demande et partit dans
le mois de juin ; mais le gouvernement espagnol, agité par
tant de factions diverses, soumis à tant d'influences et de
variations, n'avait fait passer en Catalogne aucun ordre de
confier les troupes au duc d'Orléans. Cependant le prince
fut reçu à Tarragone avec tous les honneurs dus à son rang
et à sa réputation ; il visita les fortifications de cette ville,
et partit pour Cadix où il se présenta à l'assemblée des
Cortès, qui gouvernaient alors l'Espagne : mais ceux-ci
avaient changé de projet, et répondirent au duc d'Orléans
qu'ils n'étaient plus dans l'intention de lui donner le com-

mandement d'un corps d'armée. Vainement il leur rappela
les lettres qu'ils lui avaient écrites ; vainement il leur témoi-
gna son mécontentement : rien ne put les persuader. Le
duc d'Orléans retourna à Palerme dans le mois de septembre
1810, et y arriva quelques jours après la naissance de son
fils aîné.

Près de quatre ans s'étaient ainsi écoulés, et déjà sa famille s'était accrue d'un prince et de deux princesses, lorsqu'on apprit en Sicile la nouvelle du rétablissement de la
maison de Bourbon sur le trône de France. Le duc d'Orléans partit aussitôt pour revenir dans sa patrie, et se hâta
de se rendre à Paris, où il vint d'abord seul, et dont il re-
partit quelques mois après pour aller chercher sa famille,
en Sicile, et la ramener dans la capitale. Cette époque était
celle à laquelle une Charte venait d'être donnée à la France.
Nous n'examinerons pas ici par quels motifs secrets les
conseillers du trône, fidèles à un système que la raison
finira par bannir de toute l'Europe comme elle l'a banni de
l'Angleterre, avaient cru, dans leur étroite et impré-
voyante politique, qu'il n'était pas de la dignité du monarque de soumettre à l'acceptation des peuples la loi fonda-
mentale destinée à les régir. Nous ne discuterons pas cet
étrange privilége qui, sous le nom de droit divin, ne tend
en effet qu'à dépouiller les peuples du plus sacré de leurs
droits, celui d'être gouvernés par des dynasties choisies par
eux et qui offrent à leur indépendance et à leur liberté
tous les genres de garanties dont elles ont besoin. Nous
n'exprimerons pas même notre surprise de ce que les mi-
nistres de Louis XVIII n'ont pas senti tout ce qu'offrait
d'absurde, d'affligeant et d'impolitique, le contraste du
despote le plus absolu qui fût jamais (1), faisant légitimer
son élévation par l'assentiment de plusieurs millions de
Français, et d'un roi constitutionnel qui, à peine rétabli

______

(1) Nous n'avons pas besoin de nommer Napoléon.

sur un trône relevé par les armées étrangères, imposait au peuple qu'il venait gouverner, au nom d'un droit prescrit par vingt-cinq ans de révolutions, un pacte sur lequel non-seulement ce peuple n'avait pas été consulté, mais qui même n'avait été accepté ni par lui ni par ses représentans (1). Écartons toutes les objections que le salut de la France commande de ne plus considérer maintenant que comme des théories; mais qui néanmoins sont loin d'être superflues, quand il s'agit d'un prince aussi éminemment constitutionnel dans ses opinions que celui dont nous écrivons la notice.

A peine rentré en France, le duc d'Orléans espérait, en vertu de l'article 30 de la Charte constitutionnelle qui porte que « les membres de la famille royale et les princes du sang sont pairs par le droit de leur naissance, » pouvoir jouir de la plus noble prérogative de son rang, celle d'intervenir dans les discussions relatives aux grands intérêts de la nation, que son épée avait autrefois si vaillamment défendue; mais le roi, usant du droit qu'il s'est réservé par l'article 31 de la même Charte ainsi conçu : « Les princes ne peuvent prendre séance à la chambre que de l'ordre du roi, exprimé pour chaque session par un message, à peine de nullité de tout ce qui aurait été fait en leur présence, » ne crut pas devoir autoriser les princes à prendre séance à la chambre des pairs, et le duc d'Orléans se vit

(1) Nous l'avons dit ailleurs, et nous croyons devoir le répéter ici : la Charte constitutionnelle française bonne dans le plus grand nombre de ses dispositions, est défectueuse dans quelques autres : la cumulation de la pairie et des fonctions publiques est, entre autres choses, une monstruosité politique par laquelle se trouvent confondus deux pouvoirs essentiellement distincts dans le système représentatif: à savoir, le pouvoir royal et le pouvoir aristocratique. Quoi qu'il en soit de notre opinion à cet égard, nous déclarons qu'elle est toute spéculative, et que si nous mettons une grande franchise à l'énoncer, nous ne mettrions pas, dans l'intérêt de la France, une énergie moins grande à combattre tout changement dans l'ordre social de ce pays qui ne serait point amené par l'expérience, le vœu public, le concours constitutionnel des trois pouvoirs !

ainsi privé de tous les moyens de manifester les sentimens qu'il rapportait dans sa patrie, de laquelle il n'était connu encore que par ses services et ses malheurs.

A la première nouvelle du débarquement de Bonaparte sur les côtes de France, en mars 1815, il reçut l'ordre du roi de se rendre à Lyon, où il arriva le 9 du même mois; mais tout espoir de retarder la marche du vainqueur étant déjà perdu, le prince revint aussitôt à Paris où il était de retour le 12. Le 16, il fut chargé du commandement de la frontière du nord. Accompagné du duc de Trévise (Mortier), il visita toutes les places de cette frontière; rassembla les troupes, et les exhorta à rester fidèles à leurs drapeaux. Toutefois, ses devoirs envers le roi ne lui firent pas méconnaître ceux non moins sacrés qui l'attachaient à la patrie. Partout il annonça que dans aucun cas et sous aucun prétexte, les troupes étrangères ne seraient admises dans les places de son commandement. Il ordonna à tous les commandans de n'obtempérer à aucun ordre, à aucune réquisition tendant à les faire admettre dans les places françaises; et il informa toute l'armée que « quelles que fussent les dissensions intérieures qui pourraient déchirer la France, il concourrait avec elle de tout son pouvoir à la défense des places contre les étrangers, s'ils tentaient de s'en emparer ou de s'y introduire. » Lorsque le roi, qui était arrivé le 22 mars à l'improviste à Lille, où se trouvait le duc d'Orléans, se fut décidé dès le 23 à sortir de France et à se retirer à Ostende, le duc d'Orléans ne prit le même parti qu'après en avoir informé les commandans auxquels il avait transmis l'ordre de ne reconnaître d'autre gouvernement que celui du roi. Il les instruisit : « que le roi n'étant plus en France, et se voyant lui-même dans la nécessité de quitter le commandement, il n'avait plus d'ordre à leur transmettre en son nom; que c'était désormais à chaque commandant à faire ce qui lui serait dicté par le sentiment de ses devoirs; et qu'ils devaient considérer comme non-

avenus les ordres qu'il leur avait précédemment transmis.»
On a cherché depuis à faire un crime au duc d'Orléans de
cette démarche, en disant qu'elle tendait à délier les commandans de leur serment de fidélité envers le roi, et qu'elle
était en contradiction avec les ordonnances datées de
Lille, le 23 mars 1815; mais cette inculpation est évidem-
ment absurde; d'abord, il est incontestable que ces ordonnances n'ont point été rendues à Lille le 23 mars, jour où
le roi a quitté cette ville, mais qu'elles ont paru pour la
première fois à Gand le 14 avril, dans le *Moniteur universel*,
et que par conséquent elles ne pouvaient servir de règle à
la conduite d'aucun Français, dans l'intervalle du 23 mars
au 14 avril; en second lieu, il est constant qu'il n'y avait
aucun obstacle à ce que le roi fît publier ees ordonnances
à Lille, le 23 mars; d'où il est naturel de conclure que leur
non-publication est une démonstration manifeste qu'elles
n'ont pas été rendues à la date qu'on leur a donnée posté-
rieurement.

Certes, si dans le moment d'entraînement général qui
précipita l'armée française sous les aigles qui réveillaient
en elle tant de glorieux souvenirs, une autre voix que celle
de Napoléon eût été capable de se faire entendre, sans
doute que c'était celle de l'ancien compagnon de ses premiers triomphes; du chef illustre qui n'avait voulu vaincre
que pour l'indépendance et la liberté de sa patrie; mais il
était trop tard. Les généraux furent vivement émus en se
séparant du prince aux côtés duquel ils avaient combattu
autrefois, et qui, mieux connu d'eux depuis son retour,
leur était devenu encore plus cher. On assure que lui-même
était profondément attendri, et que les larmes coulèrent de
ses yeux en se séparant encore une fois de l'armée française.
Enfin il quitta Lille le 24 mars, et après avoir passé la
frontière auprès de Tournay, il résolut de se rendre en
Angleterre où il s'était fait précéder par sa famille. La
crainte d'éprouver des difficultés à s'embarquer à Ostende,

le détermina à passer en Hollande, et il partit d'Helvoet-Sluys, sur une corvette que le roi des Pays-Bas, qu'il rencontra à Bréda, avait mise à sa disposition. En arrivant en Angleterre, le prince se fixa à Twickenham où l'attendait sa famille.

A peine y fut-il arrivé, que tous les moyens furent mis en usage pour le déterminer à se rendre à Gand afin de le contraindre à s'associer à un système que son cœur et sa raison désapprouvaient également; mais il opposa la résistance la plus persévérante à tous ces efforts, et c'est à cette fixité de sentimens et d'idées qu'il a dû l'avantage inappréciable pour un prince français, de ne pas être rentré en France à la suite des vainqueurs de Waterloo. Le gouvernement royal ayant été rétabli en France le 8 juillet 1815, le duc d'Orléans sentit qu'il était de son devoir de faire au moins une apparition à Paris; il s'y rendit donc, seul, dans les derniers jours de ce mois; mais après avoir pris une exacte connaissance de l'état des affaires, il jugea que, dans l'impossibilité de s'opposer efficacement au système qui s'établissait sous la protection des baïonnettes étrangères, il y aurait de l'imprudence à ramener sa famille en France, et que son éloignement temporaire de sa patrie était le seul parti qui convînt à sa position et à ses principes. Les motifs de la conduite que tint ce prince à cette époque ont été trop étrangement défigurés par quelques-uns de ceux-là même qui d'ailleurs rendaient le plus de justice à son caractère personnel, et ces motifs sont trop honorables pour lui, pour que nous ne nous fassions pas un devoir de les consigner ici. L'Angleterre était le seul pays où, par la nature même du gouvernement et des institutions, le duc d'Orléans trouvait la possibilité de vivre dans un profond isolement des affaires de la France. Bien que l'exil volontaire qu'il s'imposait lui fût pénible, il se trouvait heureux de n'être pas complice par sa présence des sanglantes mesures qui allaient marquer l'époque de la seconde restauration.

Toujours Français, quoique constamment proscrit par les diverses factions qui déchiraient sa patrie, il ne pouvait cesser de l'être lorsqu'il était certain d'y laisser de vifs regrets et les plus honorables souvenirs. Ce n'était pas une chose nouvelle qne de voir une classe d'émigrés combattre dans les rangs des ennemis de la France, mais cette place ne pouvait convenir à celui des descendans d'Henri IV qui, héritier du nom et des sentimens de ce grand homme, l'était aussi de sa haine pour l'intervention étrangère (1). Un instant d'erreur de la part du duc d'Orléans, dans ces circonstances difficiles, eût flétri pour jamais une carrière si noblement commencée. Il sut s'en défendre, et retourna en Angleterre, vers le milieu du mois d'août. Ayant appris peu de temps après que le roi venait d'autoriser tous les princes à prendre séance dans la chambre des pairs, il n'hésita point à faire une tentative nouvelle pour faire connaître à la France ses principes et ses opinions, et revint à Paris à la fin de septembre 1815, au moment où le ministère du prince de Talleyrand et du duc d'Otrante venait d'être dissous, et remplacé par celui du duc de Richelieu.

L'occasion qu'il désirait ne tarda pas à se présenter : la question qu'il s'agissait de traiter était à la fois imposante et délicate. On avait provoqué en septembre, de la part de ces mêmes colléges électoraux qui venaient d'élire la chambre ardente de 1815, des adresses au roi dans la plupart desquelles on demandait ce que, dans le langage du temps,

____

(1) Nous n'ignorons pas que des reîtres et des Anglais formaient une partie de l'armée d'Henri IV ; mais qui ne sera pas frappé de la différence des temps et des intérêts ! Ces étrangers combattaient sous les ordres d'Henri et pour sa querelle : ils étaient dans les rangs des Français, les Français n'étaient pas dans les leurs ; et d'ailleurs, on sait qu'à cette époque le malheur d'appeler les étrangers, comme auxiliaires, était commun aux deux partis. Quant aux émigrés de 1789, s'il fût resté quelque chose de français dans leur ame, un an de révolution, la dédaigneuse pitié des puissances étrangères, et l'opinion de l'Europe, n'auraient-ils pas dû suffire pour leur apprendre que les seuls auxiliaires dont ils n'eussent pas à rougir étaient dans les provinces de l'Ouest de la France ?

on appelait l'*épuration des administrations et le châtiment des coupables*, ou, en d'autres termes, ces proscriptions et ces vengeances qui pendant près de deux années ont couvert la France de délateurs, de cours prévôtales et d'échafauds, mais n'ont pas eu toutefois, heureusement pour elle et pour l'humanité, un cours aussi étendu que se le promettaient leurs auteurs. La chambre des pairs entendit la lecture d'une de ces productions furibondes, dans une séauce des premiers jours d'octobre 1815. Un projet d'adresse au roi, concerté d'avance entre ceux des chefs de la faction qui avaient un accès plus libre au pavillon Marsan, et contenant l'expression de ce vœu barbare, fut proposé au même instant à la chambre. Un vif débat s'engagea à ce sujet. Le duc d'Orléans s'opposa avec une grande énergie à ce que la chambre se déshonorât par l'émission d'un tel vœu: Il s'efforça de faire sentir combien il était injuste et impolitique, et demanda la suppression absolue du paragraphe où il était énoncé.

Qui le croirait? cette proposition généreuse, fortement appuyée par le marquis Barbé-Marbois et les comtes Lanjuinais, de Tracy, et quelques autres, mais combattue avec une sorte de fureur par les sanglans régénérateurs de la France, fut écartée par la question préalable; et la majorité de la chambre des pairs, celle-là même dont l'ordonnance du 5 mars 1819 a fait justice (1), décida que la France serait désormais soumise à la législation des bourreaux. Les détails de cette séance, la seule depuis la restauration dans laquelle on eût pu juger des principes et des opinions des

(1) Nous serions loin d'approuver l'emploi d'un tel moyen (qui, du reste, n'a rien d'inconstitutionnel en soi, puisqu'il n'est que l'exercice de la prérogative royale) si le gouvernement français arrivait au point de le considérer comme une ressource disponible pour se rendre maître de la majorité de la chambre des pairs. Nous aimons à croire que sa sagesse et son intérêt sauront en régler l'usage. Dans les circonstances où le gouvernement l'a employé, nous n'hésitons pas à reconnaître qu'il a sauvé la France.

princes de la maison de Bourbon, furent à l'instant connus du public, et produisirent une impression tellement prompte, unanime et profonde, que dès le lendemain il fut défendu aux journaux de rendre compte, et du discours du duc d'Orléans, et de ceux dans lesquels les chefs de la faction de l'émigration armée, exhumant toutes leurs haines et toutes leurs vengeances, croyaient avoir répondu par quelques phrases banales et usées à des principes d'éternelle justice et de sage politique.

L'issue de ce débat, l'impossibilité de lui donner la publicité dont l'ame du duc d'Orléans avait besoin, les défiances de la cour, qui semblaient s'accroître à son égard en proportion de l'estime publique, eurent bientôt fait sentir à ce prince l'inutilité de ses efforts, et il se détermina à retourner immédiatement en Angleterre, où il avait laissé sa famille, afin d'y attendre que le temps eût calmé la frénésie contre laquelle il ne pouvait ni lutter, ni manifester désormais sa désapprobation autrement que par son absence. Le duc d'Orléans ayant quitté la France après le débat dont nous venons de rendre compte, les autres princes qui ne pouvaient se faire illusion sur le discrédit dans lequel ils étaient tombés après la manifestation au moins imprudente qu'ils avaient faite de leurs principes, furent assez bien conseillés pour s'abstenir d'assister aux séances de la chambre des pairs pendant le reste de la session. Ce ne fut qu'en novembre 1816, à l'ouverture de la session nouvelle, et pendant que le duc d'Orléans était encore en Angleterre, que le roi autorisa de nouveau les princes à siéger dans la chambre des pairs; mais il limita expressément cette autorisation à ceux d'entre eux *qui étaient actuellement en France*, excluant formellement par-là le duc d'Orléans qui n'y était point.

Rentré dans sa patrie vers les premiers jours de 1817, époque à laquelle les bienfaits de l'ordonnance du 5 septembre de l'année précédente commençaient à peine à se

faire sentir, mais où du moins il était permis de croire que
le courage d'exprimer le vœu national ne serait plus regardé comme un acte factieux, ce prince se disposait à user
dans la chambre des pairs du droit le plus précieux de son
rang, celui de faire entendre les plaintes du peuple et de
défendre ses intérêts auprès du trône; mais cette année,
ainsi que les suivantes (1818 et 1819), le roi n'ayant pas
jugé à propos de renouveler l'autorisation sans laquelle les
princes de sa famille et de son sang ne peuvent siéger
parmi les pairs, cette autorisation s'est trouvée, comme elle
l'est maintenant encore, révoquée de plein droit. En nous
interdisant toute réflexion sur l'usage fait par le monarque
constitutionnel de la France des droits qui lui sont conférés
par la Charte, nous ne croyons pas devoir garder le même
silence sur les bruits qui circulèrent à Paris lors du départ
du duc d'Orléans pour l'Angleterre, en 1815, et de son retour en France en 1817. On prétendit à la première de ces
époques que le départ précipité de ce prince n'avait point
été volontaire, et que la concurrence dans la chambre des
pairs d'un rival aussi constitutionnel, aussi français, mais
surtout aussi éminemment en rapport avec tous les intérêts
nationaux que l'était le duc d'Orléans, avait paru trop re-
doutable aux princes de la branche aînée des Bourbons, qui,
nous devons l'avouer, ne se sont jamais mis fort en peine
de la soutenir au même titre.

Ces bruits même, qui étaient dénués de tout fondement,
mais qu'il est de notre devoir de rappeler comme document
historique, se fortifièrent lorsqu'au retour du duc d'Orléans
on vit le roi ne pas renouveler l'autorisation qu'il avait,
pendant l'absence de ce prince, accordée à *Monsieur* et à ses
fils de prendre rang parmi les pairs ; et nous conviendrons
avec la même franchise que quelle que fût la cause de l'erreur qui avait affermi le public dans l'opinion qu'il avait
précédemment conçue, la conduite que la cour a tenue depuis à l'égard du duc d'Orléans dans toutes les circon-

stances d'un grand intérêt politique n'a jamais été de nature à l'en faire changer. En effet, il serait difficile, pour quiconque a quelque habitude du cœur humain, de considérer autrement que comme un calcul adroit et peut-être comme le résultat d'un plan profondément perfide, toutes ces démonstrations extérieures d'affection et de confiance qu'affectent de prodiguer à ce prince certains personnages qui, dès l'instant de leur retour, n'ont cessé de travailler à rendre plus épais et plus indestructible le mur élevé depuis trente ans entre eux et le peuple français. Nous le répétons; de telles démonstrations manquent presque toujours leur but, parce qu'elles cachent maladroitement le projet de tromper le public par de feintes apparences, et de faire supposer l'existence d'un accord de principes et d'une intimité, démentis d'avance par les antécédens de toutes les époques.

Quoi qu'il en soit, depuis l'instant où le duc d'Orléans a probablement pour toujours abandonné l'Angleterre et fixé sa résidence en France, ce prince a acquis à Neuilly une maison de campagne où il passe presque toute la belle saison, occupé de l'éducation de sa nombreuse famille, qu'il élève dans les sages principes qui ont fait la règle de toute sa vie, et à laquelle il ne peut offrir de meilleures leçons que sa conduite.

Les journaux français ont annoncé, en octobre 1819, que le jeune duc de Chartres, âgé de neuf ans, fils aîné de Mgr. le duc d'Orléans, allait suivre cette année le cours de sixième au collége d'Henri IV; puisse cet exemple trouver un grand nombre d'imitateurs parmi les familles destinées à l'honneur de gouverner les peuples, car c'est seulement ainsi que l'humanité pourra espérer de voir s'élever un jour des générations de princes citoyens !

IMPRIMERIE DE E. DUVERGER
rue de Verneuil, n. 4.